HÉROÏSME

ET

TRAHISONS

1870-1871

Par C.-H. MORARD

Ancien Fonctionnaire de l'Armée, des Finances
et de l'Instruction Publique.

> Le Français est un Gaulois chargé de fers qui se souvient de sa liberté et de l'antique indépendance de sa Patrie !
>
> Ils expulsent Dieu ! Ils vendent la Patrie et l'Honneur ! Ils livrent nos Armées à l'ennemi ! Ils accusent de trahisons et condamnent à une mort infamante nos Chefs les plus illustres ! Ils dépouillent et piétinent nos Blessés et nos Morts glorieux, et leur fureur de traîtres n'a pour limite que gouffre où ils voudraient ensevelir leur et notre Gloire.

BORDEAUX

IMPRIMERIE GÉNÉRALE É. CRUGY
16, rue et hôtel

HÉROÏSME

ET

TRAHISONS

1870-1871

Par C.-H. MORARD

Ancien Fonctionnaire de l'Armée, des Finances
et de l'Instruction Publique.

> Le Français est un Gaulois, chargé de
> fers qui se souvient de sa liberté et de l'an-
> tique indépendance de sa Patrie !
>
> Ils expulsent Dieu ! Ils vendent la Patrie
> et l'Honneur ! Ils livrent nos Armées à
> l'ennemi ! Ils accusent de trahisons et
> condamnent à une mort infamante nos Chefs
> les plus illustres ! Ils dépouillent et piétinent
> nos Blessés et nos Morts glorieux, et leur
> fureur de traîtres n'a pour limite que le
> gouffre où ils voudraient ensevelir leur honte
> et notre Gloire.

BORDEAUX

IMPRIMERIE GÉNÉRALE É. CRUGY. — Mme Vve RIFFAUD, Succr
16, rue et hôtel Saint-Siméon, 16

1888

LETTRE DU MARÉCHAL BAZAINE

Madrid, 4 Mai.

Monsieur,

J'ai reçu votre lettre du 2 Mai et vous suis bien reconnaissant des sentiments de sympathie qu'elle exprime envers le vétéran iniquement condamné par un Conseil incompétent présidé par un Prince émigré pendant vingt-deux ans en Angleterre.

Recevez l'assurance de mes meilleurs sentiments.

Maréchal BAZAINE.

Je vais mieux et regrette que la Faculté me défende de recevoir.

A Monsieur MORARD, *chef d'Institution, hôtel d'Orient à Madrid.*

ASSISES

ET

DÉCLARATIONS DES DROITS DE L'ARMÉE

A un nouveau César! Un nouveau Vercingétorix!

Dieu existe, puisque le bien existe, et que Dieu en est l'Esprit comme le Christ en est l'incarnation, la personnification et le sacrifice toujours vivant sur la terre.

Les régiments porteront en berne leurs drapeaux, étendards, guidons et pavillons jusqu'à ce qu'il leur soit délivré des emblèmes de victoire consacrés par le Dieu des Armées et transmis par des mains militaires.

Les hommes de la première Révolution se firent un patriotique devoir de respecter la tradition pour la transmission des enseignes de l'Armée.

Au blanc de la Gaule Belgique, qui était depuis Henri IV la couleur royale, il fut ajouté le bleu de la Gaule Celtique, et le rouge de la Gaule Aquitaine.

Ce fut le général Lafayette qui transmit au roi

Louis XVI et à l'Armée les antiques couleurs de nos Pères.

Les chefs gaulois donnaient pour signe de ralliement à leurs légions : un sanglier, un ours, un loup, un taureau, un aigle, un coq, etc. Chacun de ces emblèmes désignait, généralement, le pays d'origine de la légion ou celui du chef qui la commandait.

Pendant la guerre de l'indépendance, le chef salué Vercingétorix, c'est-à-dire le grand chef des braves, ordonna qu'un unique signe de ralliement serait désormais porté par l'Armée gauloise. Il adopta le grand aigle de nos montagnes pour orner la hampe des piques et des étendards de ses légions. Les aigles gauloises opposées aux aigles romaines portaient la rose blanche des Alpes, symbole de pureté, de charité, de sacrifice poussé jusqu'à l'héroïsme le plus sublime, comme l'aigle fut l'emblème de l'indépendance et de la bravoure, qui, seule, est digne de la conquérir.

Bravoure et sacrifice incarnés, à la fois, si modestement et si grandiosement dans la personne du Héros-Martyr de notre indépendance, le Vercingétorix.

C'est aussi à partir de cette époque que même les guidons des compagnies portèrent une flamme ou cravate d'étoffe verte représentant le printemps éternel du gui sacré du chêne qu'adoraient nos druides. Cette couleur était encore, pour les peuples Celtiques, un symbole d'espérance, de foi, d'unité nationale et religieuse, en même temps que l'emblème de l'immortalité glorieuse qui attendait les âmes des guerriers mourant pour l'indépendance de la Nation.

Les autres couleurs, comme nous l'avons dit déjà, représentaient chacune une des grandes divisions territoriales de la Confédération celtique.

Ces nobles couleurs, adoptées, comme par miracle par la Révolution, consacrées par le temps et par mille victoires, furent de nouveau surmontées de leurs aigles au camp de Boulogne. Mille huit cent soixante ans auparavant, les aigles gauloises planaient victorieuses sur le plateau central, à la bataille de Gergovie.

Le plus *grand capitaine* des temps modernes, respectant, dans la tradition militaire, la puissance et l'indissolubilité des liens qui rattachent les grandes époques de transformations de l'Armée, voulut leur donner une publique et éclatante consécration en faisant servir les casques de Duguesclin et de Bayard à la première distribution des croix de la Légion d'Honneur.

A ces époques glorieuses succède, aujourd'hui, une période de transition étrange !.....

Non moins surprise qu'indignée des outrages sans précédents dont l'Administration abreuve journellement d'honnêtes citoyens, de paisibles et fidèles soldats;

Justement émue par les actes aussi inouïs qu'odieux d'arbitraire, de rapt, de violence, de vandalisme occulte, lâchement et froidement accomplis sous le couvert de certaines lois, au détriment de l'honneur, de la liberté et des droits les plus légitimes et les plus sacrés;

En un mot, profondément convaincue que ces actes du plus monstrueux despotisme sapent, sans trêve comme sans merci, nos institutions les plus saines comme les plus viriles, ainsi que les plus mâles vertus du cœur humain, et préparent lentement mais sûrement l'effondrement de la Nation par les discordes fomentées et habilement entretenues parmi le peuple, qu'elles abusent; que le gouvernement qui tolère et protège de pareilles iniquités pour y puiser une force factice, y étayer une autorité avilie, ne peut conduire notre infortunée Patrie que de la honte à la ruine, et réciproquement;

Légitime héritière de l'autorité souveraine qu'elle tient de ses aînés, dans la carrière des armes, dont la vaillance conquit jadis le sol natal que fertilisèrent et que glorifièrent les labeurs et le sang généreux de nos pères;

L'Armée, désirant voir se perpétuer à jamais dans son sein et parmi la Nation les invincibles et glorieuses traditions qui furent toujours, après Dieu, dans les moments de deuil et de suprêmes épreuves, le palladium de la Patrie, *institue un Comité Souverain.*

Ce Comité, uni dans un sentiment d'héroïque, étroite et patriotique confraternité, animé de l'esprit de devoir et de discipline que lui imposent les douleurs et les périls de la Patrie, délibère et déclare solennellement sur les cendres vénérées des Français morts au *Champ d'Honneur,* qu'il ne prendra de repos qu'après avoir donné à la France un gouvernement digne, capable de rallier en un patriotique et immuable **faisceau** les honnêtes gens de tous les partis.

LE COMITÉ SOUVERAIN

décrète, ordonnance et proclame dans ce but *les cinq principes fondamentaux suivants,* protégés par l'Honneur et basés sur la pierre angulaire des Droits imprescriptibles et vingt fois séculaires conquis par *l'Armée, mère et protectrice née de la Patrie :*

Premier principe : Dieu.

Deuxième principe : Honneur.

Troisième principe : Patrie.

Quatrième principe : Famille.

Cinquième principe : Fais ton devoir envers ton Prochain, envers ta Famille, envers ta Patrie, envers ton Honneur, et tu auras noblement et généreusement servi ton Dieu, ta Dignité et les causes saintes de l'Indépendance et de la vraie Liberté.

GAULE GERMANISÉE... ASSERVIE

> Vérité n'a détour ni crainte, et ceci n'est point une œuvre de parti, mais une œuvre de réparation, de justice, de patriotisme et d'histoire.

L'Armée est à la peine, il est juste qu'elle soit à l'honneur.

L'auréole de gloire, dont le génie militaire orne et protège une grande Nation, entraine irrésistiblement avec elle la confiance et la sécurité indispensables au développement de l'agriculture, des arts, du commerce et de l'industrie, sources de la fortune publique, dont le principe fécondant puise sa magique puissance dans l'honneur, le devoir et le dévouement absolus à la Patrie.

Cette prospérité atteindra son complet état d'épanouissement quand le peuple, fatigué de jouer un rôle de dupe, écoutant les leçons et les conseils de l'expérience, sera devenu assez sage pour éloigner de son foyer les hommes qui, naguère, à l'abri des balles ennemies, poursuivaient criminellement la guerre, ayant antérieurement refusé de voter les subsides qui, seuls, pouvaient la prévenir ou la faire entreprendre avec succès, et qui, cependant, étaient sans cesse de bonne composition en apprenant tous les jours quelque nouveau désastre résultant de l'habile impulsion qu'ils avaient su donner à la Nation, imprimer à leurs combinaisons militaires, à leur introuvable plan de campagne.

A ces avocats travestis en chefs d'armées, l'Armée faisait peur ; il fallait donc à tout prix anéantir l'objet de leurs terreurs secrètes. De cette terreur que leur inspirait la perspective du châtiment que leur méritait une révolution faite dans le sang de nos soldats, sous le canon de l'ennemi, naquit la guerre à outrance, qui, livrant notre France infortunée, pieds et mains liés, aux exactions d'un inexorable ennemi, l'abandonnait du même coup aux rapines et aux fantastiques marchés d'anti-patriotiques spéculateurs.

Pendant ces pillages à main armée, exécutés au nom ironique de la défense, mais en réalité au nom de la vente nationale ; pendant ces assauts plus faciles à livrer aux grades et aux préfectures qu'aux retranchements ennemis, ce que les hypnotisés de Mabile et du café Procope appelaient l'armée prétorienne continuait à défendre Metz, mais ne recevait aucun secours. Cette armée était pour les pillards l'épée de Damoclès. Dans le but de faire détruire les soldats d'élite qui la composaient, il n'y eut d'abord pas d'éloges pompeux qui ne fussent adressés au commandant en chef de l'Armée du Rhin, dans l'espérance que, sous l'impression de leurs basses flatteries, le prudent général engagerait et ferait périr, dans une aventure, l'armée qu'ils redoutaient.

L'éternel honneur de Bazaine fut, dans son cruel abandon, à l'heure suprême de l'agonie d'un grand peuple, de n'avoir pas désespéré de l'avenir et d'avoir généreusement sacrifié son prestige militaire au salut de la plus précieuse existence de ses soldats, prévoyant que la Patrie utiliserait bientôt leurs généreux services.

Les flétrissures que les outranciers cherchèrent alors à imprimer au front de l'illustre Maréchal, et dans sa personne à toute l'Armée, retombent de toute la puissance de notre militaire et patriotique indignation sur les véritables traîtres.

C'est toujours en vue d'éviter le châtiment que leur méritaient leurs forfaits que l'Armée de l'Est fut également sacrifiée par le criminel oubli de l'armistice de Ferrières.

Cette trahison masquée sous les pleurs et sous l'ironique et amère exclamation de Jules Favre : « *Pas un pouce de terrain, pas une pierre de nos forteresses* », devait bientôt avoir son complément en Bourgogne, son funeste et tragique dénouement en Franche-Comté, en Lorraine et en Alsace.

Garibaldi en fut le complice à Dijon, où, chargé de protéger la ligne de retraite et de ravitaillement de Bourbaki, il se laisse refouler, sans combattre, de ses importantes positions, pendant que, sur un autre point, Ricciotti enlève, pour donner le change à la fuite de son père, un facile trophée à l'ennemi manœuvrant de concert avec eux, et complète par l'ironique fait d'armes de Dôle la trahison tramée entre Bismarck et l'homme néfaste de Ferrières.

C'est à la suite de ces monstrueuses machinations, auxquelles viennent se joindre les frimas d'un hiver exceptionnellement rigoureux, que Bourbaki, à la veille de délivrer Belfort, se trouve tout à coup environné d'ennemis, privé de ses munitions et coupé de sa ligne de retraite.

On connait l'acte de désespoir que tant de fatalités réunies inspirèrent à l'intrépide général, et le sort funeste de l'infortunée Armée de l'Est.

Quelques jours auparavant, et sur un autre point, sous le prétexte de prévenir une manifestation royaliste, on arma de fusils à pierre les Bretons de l'Armée de la Loire.

A Coulmiers, où la victoire semble un moment sourire à nos armes, on voit immédiatement Gambetta apparaître, embrouiller les combinaisons stratégiques et la marche de d'Aurelles sur Orléans, paralyser par sa présence les héroïques efforts de nos soldats, anéantir dans leur essor nos légitimes et patriotiques espérances, et confirmer par de nouvelles lâchetés le pacte machiavélique conclu avec l'ennemi.

Après la capitulation de Paris, on désarme les troupes régulières, mais, sous un prétexte frivole, on arme de chassepots les sbires cosmopolites qui se trouvent dans la capitale pour anéantir les débris de notre Armée, rentrant de captivité, qu'avaient respectés le feu de l'ennemi, les douleurs de l'exil, et que nous avaient conservés la sollicitude de nos officiers.

Comme entre temps, et sans doute aussi pour se distraire de leurs loisirs, les nouveaux Barbares, émules des Vandales et des Hérules, incendiaient et détruisaient par le fer et le feu les monuments élevés, par les beaux-arts, aux souvenirs de nos gloires nationales, comme si les piques et les torches incendiaires des nouvelles couches pouvaient anéantir l'histoire.

Le dernier acte de la tragique et criminelle comédie eut pour objet le territoire de Belfort, qui, tour à tour livré et rendu par le traité de Francfort, confirme encore le pacte infâme ainsi que l'odieux des moyens employés par nos pseudo-libérateurs pour couvrir d'un éternel suaire et agrémenter même d'une auréole de gloire leur inénarrable trahison.

Par cet acte, ils ont voulu dire à la France : Un général réputé parmi les plus fameux vint faire périr misérablement devant Belfort tout une armée, et Belfort resta entre les mains de l'ennemi. Mais nous, les vaillants, les forts; nous, les héros de la Défense nationale; nous, les fondateurs de la troisième République, nous vous avons rendu, sans armée et malgré l'ennemi, la glorieuse cité Alsacienne.

L'œuvre inique accomplie, il restait à trouver une victime pour la charger du poids de tant de monstruosités, la livrer à un Conseil *ad hoc,* où elle chercherait vainement des juges et dans lequel elle ne trouverait que des accusateurs.

Il est réglementaire, lorsqu'un général en chef est soupçonné d'avoir failli à l'honneur, de le traduire immédiatement, sans délai, devant un Conseil de guerre.

Que se passa-t-il pour le maréchal Bazaine ?

Les années 1871, 1872, 1873 (1874), s'écoulèrent sans laisser entrevoir même l'ombre d'une mise en accusation. Mais pendant le second semestre 1873, le parti orléaniste, cherchant à réveiller l'opinion publique en sa faveur, fit grand bruit autour d'une prétendue réconciliation avec le comte de Chambord.

L'effet produit par ce nouveau ballon commençant bientôt à perdre de son intensité, il s'agissait, coûte que coûte, de maintenir l'opinion publique en éveil.

Les hommes de la Vente, intéressés, comme les d'Orléans, à donner le change de leurs audacieuses entreprises, firent cause commune et n'hésitèrent pas à ajouter, à leurs dossiers de crimes une nouvelle infamie. Le maréchal Bazaine fut décrété d'accusation, et la présidence du Conseil qui devait le juger fut donnée au duc d'Aumale.

C'était condamner d'avance l'infortuné Maréchal !

Plus récemment, pendant la guerre du Tonkin, on voit une accusation du même genre se reproduire au sujet de la retraite de Lang-Son, et le cabinet Ferry, qui avait donné lieu à cette nouvelle aventure, ne point craindre d'accuser de trahison un autre chef de notre Armée.

Les hommes de la Vente, poursuivant leurs sinistres exploits, pensaient pouvoir couvrir encore, comme en 1870-71, leurs propres inepties, leurs trahisons, trouver des complices et innocenter leur gouvernement en jetant en pâture à l'opinion publique l'honneur et la vie du colonel Herbinger.

Plus heureux que Bazaine, Herbinger devait laisser la vie à cette cruelle épreuve, mais son honneur de soldat, malgré les rapports accusateurs de Borgnis-Desbordes et de Brière de l'Isle, sortit pur et glorieux du jugement rendu par un Conseil de guerre régulièrement établi et composé d'officiers étrangers aux passions politiques, aux intérêts dynastiques.

Entre les mains des sbires en activité, les persécutions et les terreurs de 1793 et de 1871 n'ont fait que revêtir des formes plus nouvelles et d'autant plus redoutables que les exécutions se succédant à l'infini, souvent sous l'apparence même de la protection, ne laissent aucune trace des innombrables et douloureuses victimes, lâchement, froidement et journellement immolées.

Ils expulsent Dieu! Ils vendent la Patrie et l'Honneur! Ils livrent nos Armées à l'ennemi! Ils accusent de trahison et condamnent à une mort infamante nos Chefs les plus illustres! Ils dépouillent et piétinent nos Blessés et nos Morts glorieux, et leur fureur de traîtres n'a pour limite que le gouffre où ils voudraient ensevelir leur honte et notre Gloire.

Telle est, aux yeux de l'impartiale histoire, la vérité émanant du fameux plan resté inconnu. Telle est la vérité surgissant lumineuse des manœuvres et des trahisons accomplies par ces personnages si lugubrement fameux dont la folle et audacieuse ambition n'eut d'égale que leur présomption, leur astuce, leur lâcheté, et que la plus inouïe des révolutions que puissent enregistrer les annales d'un peuple cloue sur le banc des criminels de Lèse-Patrie, livre à la méditation de l'historien, à l'exécration de toute âme française, afin que la monstruosité de l'attentat, la catastrophe immense qui l'a suivi, servant d'exemple, soient une puissante et éternelle leçon pour les générations futures.

2

A ces fous furieux livrant Paris avec six cent mille hommes et couvrant de ruines notre capitale, nous laissons Trochu tout entier, mais Bazaine nous appartient, et nous revendiquons hautement celui qui, de simple volontaire, sut conquérir par ses brillants services le bâton de maréchal de France, et qui eut l'honneur de recevoir, en 1847, les préliminaires de la reddition d'Abd-el-Kader.

Ce fut le sceau du commandant Bazaine qui servit de sauf-conduit à l'émir pour arriver jusqu'au général Lamoricière, qui, parmi tant de chefs illustres dont était alors composée notre Armée d'Afrique, fut choisi par le vaillant chef Arabe comme le plus digne de recevoir sa glorieuse épée.

Cependant, un prince français gouvernait alors l'Algérie : ce prince était le duc d'Aumale !

D'Aumale, environ trente ans après, devait faire du commandant Bazaine, devenu maréchal de France, ce que son ancêtre, Gaston d'Orléans, fit du duc de Montmorency après la sanglante bataille de Castelnaudary ; ce que Mlle de Montpensier fit, pendant la Fronde, du canon de la Bastille ; ce que le régent et l'abbé Dubois firent de Louis XV ; ce que Philippe-Égalité fit de Louis XVI ; ce que Louis-Philippe fit de Charles X, du dernier Condé, de la duchesse de Berry et d'Abd-el-Kader ; ce que le comte de Paris chercha à faire du comte de Chambord en 1873. Comme Gaston d'Orléans, qui avait promis d'aimer le cardinal de Richelieu tout en le faisant poursuivre par les lames byzantines des poignards de ses sbires, le comte de Paris promit alors d'aimer le roi, ce qui n'empêcha pas l'acolyte des Médicis d'être tenu éloigné de la couche funèbre de la royale victime.

Le dernier descendant de Louis XIV éloigna, à jamais, le descendant de Gaston et de Philippe-Egalité, et ordonna que son deuil fût conduit par un infant d'Espagne.

Le royal mourant redoutait pour la France l'atavisme des d'Orléans.

Bazaine devint plus tard gouverneur de Sébastopol et général en chef du corps expéditionnaire du Mexique.

Le corps sillonné de glorieuses blessures, dont la dernière fut reçue sous Metz, le Vétéran de nos guerres d'Afrique, de Crimée, d'Italie et du Mexique devait, pour couronner sa belle carrière, être condamné à mort par un jugement inique, rendu par un Conseil incompétent.

Il manquait à la gloire du Héros la consécration du malheur, l'apothéose du martyre.

Par le jugement qui condamna l'héroïque maréchal, ses juges ont placé Bazaine parmi les glorieuses phalanges des Vercingétorix, des Jeanne d'Arc, des Christophe Colomb, des Galilée, des Louis XVI, etc.; et ses juges ont pris rang parmi les Philippe-Égalité.

Reconnaître le maréchal Bazaine innocent, c'est reconnaître l'ignorance ou la complicité de ses juges; c'est reconnaître l'infâmie de ses accusateurs; c'est rendre à l'illustre condamné de Trianon toute son autorité. Cette autorité est d'autant plus respectable et d'autant plus sacrée qu'elle fut malheureuse, et que les moyens qui se liguèrent pour l'accabler furent puissants et odieux.

Reconnaître cette autorité, c'est rendre hommage à la vérité, aux services rendus; c'est obéir à la seule autorité légitime existant en France; c'est suivre le chemin du Devoir et de l'Honneur; c'est secouer le joug infamant de la trahison; c'est arracher aux bourreaux leurs victimes; c'est renaître à l'Honneur et soustraire notre génération, déjà si éprouvée, au jugement sévère que la postérité portera sur elle; c'est flétrir les véritables traîtres; c'est fermer prudemment la porte à de nouvelles trahisons; c'est rendre à la France sa gloire, à l'Armée son prestige; c'est prévenir de nouvelles et imminentes catastrophes; c'est saluer de vigoureux vivats l'honneur et le courage inimitablement trahis comme ils furent aussi inimitablement malheureux dans la personne de notre général en chef; c'est prendre part à une action légale, parce qu'elle est juste et patriotique, parce qu'elle délivrera la France de ses prostituteurs.

En un mot, c'est prendre part à une glorieuse et immortelle initiative.

Les disciples des hommes de la Vente continuent aujourd'hui à faire suer au peuple ses vertus, son sang, son or, tout en n'ayant jamais donné en partage à la Nation que dettes, humiliations, discordes, deuils et regrets.

Une nation sans gloire est, à notre avis, une fille sans vertu ; d'après l'illustre et patriotique maréchal Niel, une nation sans armée est destinée à devenir un vaste cimetière ; d'après Bayard, il vaut mieux une armée de cerfs commandée par un lion qu'une armée de lions commandée par un cerf ; et tout peuple sans principe d'autorité, sans justice, ressemble à une forêt de brigands où tout n'est que vol et pillage.

Ce peuple est en voie de retour vers la barbarie !

L'épée de la France ne se brisa jamais, si ce n'est quand la toge présomptueuse, aussi avide qu'insatiable, s'en empara.

Par principe comme par prudence, le *cedant arma togæ* des Romains ne sera jamais français.

Un avocat, un traître vendu à l'ennemi, eut naguère l'audace de faire remettre au fourreau l'épée victorieuse du général d'Aurelles de Paladines.

En obéissant, d'Aurelles crut remplir un devoir !

Un général s'incline, même dans la victoire,

devant les ordres de ceux qu'il croit représenter l'Honneur, l'Indépendance de la Nation.

L'homme de devoir, de sacrifice, n'hésita pas à obéir, quelque inouï que pût lui paraître cet ordre, même dans le moment de suprême crise où d'un combat pouvait dépendre le salut de tout un peuple, parce qu'il ne pouvait entrer dans l'esprit d'un soldat français que les membres d'un gouvernement, installé de vive force, sous le titre pompeux de Gouvernement de la Défense Nationale, pussent forfaire à l'Honneur et vendre une à une toutes les vertus civiques pour accrocher les destinées de l'État, de la troisième République, aux fourgons de l'artillerie prussienne, aux dragonnes des rapières allemandes.

L'épée de Coulmiers, engainée sous la plus inouïe des trahisons, se dégainera un jour vengeresse de la France mutilée, germanisée, asservie par les avocats, car cette épée est l'Épée d'Honneur de la France outragée. Cette épée, c'est le prestige de l'armée française relevé, le prestige de l'armée allemande rabaissé, anéanti même, cette épée : C'est la Prusse à moitié vaincue !

Il n'y a pas de traîtres dans l'Armée française en général, et dans le Corps expéditionnaire du Mexique en particulier.

C'est l'expédition du Mexique qui servit de tremplin aux Favre, aux Rochefort, aux Ferry, aux Gambetta et *tutti quanti*, pour exécuter leurs sauts périlleux, séduire les ambitieux et les naïfs, battre en brèche les armées permanentes, miner, renverser l'Empire, et nous conduire, une lanterne à la main, aux désastres de 1870-71.

Ces astucieux et antipatriotiques aventuriers nous poussaient sourdement à la guerre, parce que la guerre, seule, pouvait leur offrir une solution favorable à leurs convoitises, tandis que par leurs fumisteries, ils discréditaient et salissaient tout autour d'eux, même l'armée qu'ils voulaient alors supprimer.

Ils parvinrent, en entassant mensonges sur calomnies, à diminuer nos effectifs en votant la diminution du budget, et cela, au moment même où le regretté maréchal Niel ne se lassait pas de demander des augmentations de crédit, indispensables pour compléter notre organisation militaire et mettre notre armée sur un pied assez puissant pour qu'elle n'eût rien à envier, comme armement et comme force numérique, aux effectifs allemands.

Après nous avoir préparé de longue main des désastres sans précédents dans l'histoire d'aucun peuple, et tandis que nos armées, toujours admirables de bravoure, de discipline et de dévouement, se faisaient héroïquement tuer sur nos champs de batailles de 1870-71, les avocats et leurs disciples se livraient aux plaisirs les plus effrénés. Certains d'entre eux perdaient même la vie par de honteuses débauches dans les maisons de prostitution, pendant que leurs complices spéculaient, trafiquaient sans vergogne sur l'armement, l'équipement, les munitions, les vivres, la solde et jusque sur l'existence même de nos soldats, qu'ils livraient traîtreusement à l'ennemi.

La haine de ces misérables ne connut jamais de bornes. C'est ainsi que pendant la guerre du Mexique, ils poursuivirent notre armée jusqu'au delà des Océans. C'est alors qu'ils combinèrent et préludèrent, tantôt ouvertement, tantôt ténébreusement, aux infernales machinations qui renversèrent l'Empire, conduisirent la France aux abîmes et leur livrèrent le pouvoir souverain, unique objet de leurs convoitises.

Les soldats qui eurent l'honneur de prendre part aux fatigues, aux combats et aux sièges de cette lointaine et mémorable expédition se rappellent encore toute la véhémence des discours que Jules Favre prononçait à la tribune française, discours que les soldats de l'armée d'Ortéja nous communiquaient, sous Puebla, et que les Mexicains transportaient sur tout leur territoire pour encourager leurs compatriotes à une opiniâtre résistance, et dont les imprimés étaient répandus à profusion jusque dans le camp français.

L'avocat, qui débutait alors à son œuvre de trahison, et qui, quelques années plus tard, devait vendre l'Armée et la France à l'entrevue de Ferrières, entretenait des relations criminelles avec l'armée ennemie, promettait une intervention opportune et des secours matériels aux défenseurs de Puebla, pendant que, par ses instigations, les dissidents faisaient miroiter aux yeux de nos soldats l'or et les autres richesses du pays, l'appât des épaulettes d'officier dans l'armée mexicaine, dans le but de leur faire déserter le drapeau de la France pour passer au service de l'armée ennemie.

Ces agissements odieux et antifrançais contribuèrent puissamment à rendre la guerre plus longue, plus pénible et plus cruelle en maintenant le Mexique en état d'insurrection. Cependant, l'armée française, qui était alors leur objectif et qu'ils voulaient humilier, au Mexique, pour faire croire à la nécessité de sa suppression en France, triompha glorieusement, malgré la faiblesse relative de son effectif, de tous les obstacles qui furent opposés à son indomptable courage.

C'est encore à la ténébreuse intervention des assassins de l'influence française aux Amériques qu'est due la fin tragique de l'empereur Maximilien.

Nos désastres de 1814-1815 et de 1870-1871 sont là pour dire hautement à la face de l'Univers que l'armée française est invincible, puisque ses plus faibles comme ses plus puissants ennemis eurent constamment recours aux moyens humiliants et rien moins que militaires de la défection, de la trahison et de la criminelle complicité des Parlements de ces deux époques néfastes de notre histoire pour arriver à nous faire déposer les armes.

Pour être victorieux, il faut que la Nation entière renaisse à l'Honneur, et pour renaître à l'Honneur, il est urgent de secouer le joug infamant des traîtres.

C'est l'*ultima ratio* des défenseurs de la Patrie.

C'est le *delenda Carthago* de l'empereur Charlemagne !

La justice immanente de l'histoire dira un jour à la postérité que si la campagne du Mexique fut le tremplin dont quelques traîtres se servirent pour nous accabler, c'est par l'Armée du Mexique que fut donné le signal de notre renaissance et que notre Patrie, asservie, fut rendue à ses glorieuses destinées.

Par elle, c'est l'antique et chevaleresque Honneur Gallo-Franc qui, de Vercingétorix à Bayard, et de Bayard jusqu'à nous, jette aux pieds de la France mutilée par les traîtres, les traîtres et les envahisseurs vaincus.

L'Armée le désire ! l'Honneur le commande ! la France l'attend !

Défiez-vous des hommes qui ne vivent pas d'un travail honnête et utile, ainsi que des parleurs qui puisent leur fortune dans les discordes qu'ils engendrent et qu'ils entretiennent parmi la Nation, car, si c'est au pied du mur qu'on reconnaît le maçon, c'est aussi à la saveur du fruit qu'on reconnaît la vertu de l'arbre qui l'a porté, de même qu'on reconnaît la jactance orgueilleuse et bavarde des avocats politiques à leur carte à payer.

Le bilan que cette carte présente actuellement à la France ne s'élève pas à moins de *quarante milliards ;* de la perte de deux de nos plus belles et plus patriotiques provinces, non compris les incalculables préjudices agricoles, commerciaux et industriels qui en sont le corollaire. Toutes conséquences funestes que ne peut qu'aggraver encore un gouvernement tombé sous le ridicule, devenu la risée de nos voisins, le mépris de l'Europe, la répulsion de l'Univers entier.

C'est par un bruit retentissant que les apiculteurs capturent les essaims, et c'est à couvert de la fumée que les maraudeurs s'approprient le miel des abeilles ; de même, c'est à l'aide de boniments funambulesques que la presse et les avocats étourdissent le peuple et le soulagent alors plus commodément des fruits qu'il a conquis par ses labeurs pénibles, et qu'ainsi allégé et dénué, il est plus facilement lancé dans les aventures. C'est alors pour les détrousseurs l'heure des repas fins, des cigares exquis, des libations copieuses, etc.

L'arbitraire finit là où la justice commence, et

de la justice seulement peut surgir le règne de la vraie liberté.

Soyez immuables dans la voie de l'honneur et vous triompherez des astucieux, de même que par une robuste santé, vous inutilisez l'emploi des drogues ; et s'il n'est pas donné à l'homme de jouir d'une éternelle santé, nul ne saurait l'empêcher de jouir d'une éternelle honnêteté.

On dit que la perfection n'est pas de ce monde ; c'est un tort, car le but constant de la vie doit être au moins de l'approcher, si toutefois on ne parvient complètement à l'atteindre.

C'est à couvert des pièges tendus à la foi droite par la chicane que la Nation a perdu l'honnêteté, la pureté, la simplicité de ses mœurs antiques, et que nous sommes devenus un peuple léger, corrompu, ergoteur et bavard, tandis qu'il nous aurait été plus avantageux, à tous égards, de demeurer un peuple d'Honneur.

Entré dans la voie des révolutions périodiques qui ensanglantent et couvrent de ruines son sol ; aveuglé par la jalousie, la convoitise et l'égoïsme que lui inoculent la presse et les orateurs de clubs, le peuple français ne s'apercevra qu'à la suite de longues et cruelles épreuves, d'amères déceptions, qu'il est tout simplement la dupe d'habiles filous qui exploitent son ambitieuse crédulité, son désir de paraître par le trompeur mirage de vaines et fallacieuses promesses.

Le bonheur existe dans l'amour et non dans la haine; dans la charité et non dans l'égoïsme; dans l'aisance honnêtement acquise et non dans la fortune honteuse; de même que la puissance d'un Peuple, d'une Nation, consiste dans l'union et non dans les divisions engendrées par les partis politiques, car l'éternel argument des hommes de partis est de dire au peuple qu'il est volé pour mieux l'asservir, l'exploiter et le voler eux-mêmes.

C'est ce qu'en bon français nous appelons le vol dit à l'américaine, pratiqué par développement.

Les candidats aux suffrages présentent à leurs clients une serviette de bavard qui, d'après eux, est remplie de merveilles : le crédule auditoire prodigue ses bravos. Mais, ô surprise! ô dérision amère! à l'ouverture de la séduisante serviette, au lieu de liberté et de souveraineté, on y trouve un joug; au lieu de prospérité, des impôts écrasants, au lieu de protection, de sécurité, l'ostracisme, l'espionnage, la vente même de la Nation à couvert de l'artillerie ennemie.

Demandez à ces orateurs quel est le métier utile qu'ils professent? Quels sont les services qu'ils ont rendus à la Patrie? Quelle est leur nationalité? Quelle est leur famille? Avant de les écouter, qu'ils vous présentent des garanties, et s'ils vous séduisent, qu'ils prouvent qu'ils sont hommes d'Honneur et qu'ils ont rendu à l'Humanité des services utiles.

Ce sera pour la Nation un soupir de soulagement, un immense cri de joie qu'elle jettera vers le ciel, le jour où Dieu la délivrera du joug de honte qui l'humilie, la ruine et l'écrase.

France, aide-toi et le ciel t'aidera! Ta délivrance ne saurait être douteuse si tu sais te rendre digne de la recevoir. En butte au péril imminent qui te presse, sous le coup de l'espionnage, des blessantes et criminelles provocations de l'Allemagne, tu continues imprudemment, malgré les cruelles expériences d'un passé fécond en désastres, à épuiser tes forces dans le cercle vicieux de tes discordes intestines. Tu te morfonds à louvoyer éperdue sur le lac des tempêtes, impuissante à prendre la grande mer. Ton impuissance vient de l'état permanent de divisions et des vices même des milliers de petits-maîtres employés au gouvernail de ton Navire. Ces maîtres, déguisés aujourd'hui en marins, comme, en 1870-1871, ils s'étaient déguisés en soldats, s'empresseront de faire naufrager ton vaisseau sur la plus prochaine côte, pour exercer plus impunément leur métier de pirates sur la précieuse cargaison lentement et laborieusement conquise par tes Vaillants Travailleurs.

Depuis bien des années déjà, il eût été prudent

et sage de mettre à la barre de ton gouvernail un expérimenté Pilote qui, d'une main assurée et vigoureuse, aurait réparé tes avaries et conduit victorieusement ta Fortune à travers les passes et les plus redoutables écueils, fait gronder et tonner, à toute volée, tes pièces de défense, dont les puissants tonnerres, redits par mille rivages, eussent purifié des traîtres le sol sacré conquis par nos Pères, annoncé à l'Univers entier l'anéantissement de tes ennemis, l'infàmie de tes oppresseurs et reconquis ta prépondérance parmi les grandes Nations.

France, cherche et trouve sur qui retombe le poids de ton humiliante spectative, car, pour Toi, il vaut mieux ne point vivre que de vivre sans Honneur !

Il en est des peuples en décadence comme des individus malades mais jeunes et fortement constitués. Le diagnostic établi, la guérison est certaine, à la condition cependant d'appliquer, sans délai, le remède sur l'ulcère cancéreux mis à nu. Brûler à vif les parties envahies par la lèpre hideuse et dévorante ou succomber dans les tortures et les convulsions d'une lente et cruelle agonie, telle est l'alternative des patients.

La France garrottée, encore ignominieusement parée de la tunique de Nessus, dont les condottieri affublèrent son corps virginal pendant que leurs complices la dépouillaient outrageusement de son manteau, de ses joyaux de Reine, de son amour de Mère, se trouve, nouvelle Niobé, encore stupéfiée par la douleur d'avoir perdu ses Enfants. En reprenant l'usage de ses sens, Elle est en présence de ce dilemme : *Délivrer tes Enfants, vivre respectée, indépendante et souveraine, sous un Chef valeureux et fort, ou succomber flétrie, esclave, prostituée par des mercenaires, sous la puissance et le joug des baïonnettes étrangères.*

En présence de tant de défaillances, de tant de trahisons, c'est le cœur pénétré d'une patriotique émotion que nous nous rappelons les paroles que Bayard, mourant, adressait au connétable de Bourbon : « *Il n'y a point de pitié à avoir de moi, car je meurs en homme de bien ; mais j'ai pitié de vous, qui servez contre votre Prince, votre Patrie et votre Serment.* »

La postérité a parlé comme Bayard, et comme Bayard, la postérité flétrit les fumistes déguisés en héros, comme elle stigmatise du sceau de l'infamie les pillards et les traîtres de 1870-1871.

TOUT POUR L'HONNEUR ET PAR L'HONNEUR !

Un soldat, né, travaille, se sacrifie et meurt pour son Pays !

C'est par des actes de dévouement et non par de vains bavardages qu'on relève et qu'on protège l'Honneur et la Fortune d'un peuple.

L'Armée, par son caractère patriotique, par son désintéressement, par son dévouement à toute épreuve, est seule capable de donner à la France le gouvernement immuable et protecteur autour duquel la Nation trouvera la sécurité, la récompense des services rendus, le respect et la protection indispensables au développement de nos intérêts généraux tant à l'intérieur que sur les divers continents.

C'est à l'abri de nos divisions, dont bénéficient les peuples bien gouvernés, que nous avons perdu notre prestige et notre prépondérance, non seulement à l'extérieur, mais même à l'intérieur, où nous comptons bientôt plus d'étrangers que de Français, tout aussi bien dans le Gouvernement, dans les Administrations publiques, qu'à la tête des plus importantes exploitations.

Honneur, Concorde, Union dans le Devoir, et notre infortunée Patrie aura bientôt repris, sous l'Égide de sa vaillante Armée, une place digne d'Elle et de ses destinées dans le concert universel des grandes Nations.

LIGUE

DES

LIBÉRATEURS DE LA PATRIE

Lorsque ma Patrie sera devenue assez malheureuse pour ne plus donner asile à l'Honneur, au Dévouement, à la Fidélité, comme Kosciusko succombant pour l'indépendance de la Pologne, je m'immolerai pour l'indépendance Celtique et je dirai : Non, *Finis Poloniæ !* Mais, *Gloria Galliæ !*

Les traîtres ayant audacieusement escaladé le pouvoir par le crime en seront ignominieusement chassés par la honte, anéantis sous le mépris public. C'est dire que ce serait étayer pareille engeance que de s'occuper d'elle autrement que par le dédain qu'elle inspire.

Laissons le temps accomplir son œuvre en liberté, et comme le temps, sachons accomplir notre œuvre avec non moins de calme et non moins d'impassibilité.

C'est dans la morale dégagée de son histoire qu'est le secret de l'indépendance de la race celtique.

Ou complice des traîtres ! Ou vengeur de tes frères !

Les divisions politiques auxquelles notre infortunée Patrie est en butte, divisions qu'engendrent de criminels intérêts de partis et qu'entretiennent par des arguties, au plus grand détriment de l'intérêt national, les appétits d'insatiables séides, menacent de nous conduire à de nouvelles catastrophes. Ces divisions, dis-je, imposent impérieusement, à tout Français aimant son Pays, le devoir de se grouper pour conjurer le péril imminent qui nous presse de toute part.

Il est logique que les hommes qui aspirent à l'honneur de gouverner la France aspirent aussi à l'honneur de la servir, de la défendre, et qu'ils viennent apprendre, dans les rangs de nos régiments, la mise en pratique des principes qui sont la pierre angulaire de l'Unité, de la Grandeur, de la Puissance et de la Prospérité de la Nation.

Après avoir vaillamment porté les armes pour défendre notre Indépendance, sachons porter, non moins vaillamment, le bulletin de vote pour défendre nos Droits outragés. La même unité dans le Mot d'Ordre, le même coude à coude qui nous font vaincre sur nos champs de batailles, nous feront triompher de nos ennemis à l'intérieur.

Du jour où les militaires libérés et retraités feront cause commune pour porter le suprême défi à l'éternel ennemi et qu'ils voteront, *comme un seul homme,* pour des députés exclusivement choisis dans nos rangs, ce jour la France aura cessé d'être à la merci des traîtres et sera délivrée du maquignonnage criminel des ergoteurs et des condottieri qui, en 1870-1871, nous livrèrent pieds et mains liés aux armées d'un inexorable ennemi.

Ce jour, nous aurons fait preuve de sagesse et de virilité ; ce jour, nous aurons rendu notre Patrie à ses destinées glorieuses ; ce jour, enfin, nous aurons su conquérir notre majorité en brisant le joug infamant que nous avaient forgé nos tyrans politiques.

Où la France trouverait-elle des représentants plus fidèles et plus sincèrement dévoués que parmi les Vaillants qui ont tout sacrifié pour la défendre ?

Où l'Armée pourrait-elle rencontrer des protecteurs plus autorisés, plus intègres, que parmi les Fils valeureux qui reçurent dans ses rangs le baptême des braves, baptême qui, depuis **Vercingétorix**, unit dans la vie comme dans la mort, par les liens indissolubles et sacrés d'un perpétuel et volontaire sacrifice, des légions de héros offrant à la Patrie les prémices de leur génie, toujours heureux de la servir, toujours fiers de répandre leur sang pour Elle ?

Dans la solennité de ce jour de triomphe, la Gaule aura à jamais brisé le joug monstrueusement tyrannique des conquérants divers qui, depuis **Jules César**, se disputent encore ses dépouilles, et broyé à ses pieds les fers odieux des traîtres et des envahisseurs.

Ce jour, seulement, les Celtes auront cessé d'être taillables et corvéables à merci par le banditisme politique.

Sous la domination des traîtres et de leurs sbires, notre Patrie est devenue un vaste champ de pillage où nos désastres, comme nos révolutions, n'ont cessé de laisser sans pain, aux prises avec les plus cruelles nécessités de la vie, des milliers d'anciens et honnêtes soldats dont les emplois, conquis par de loyaux services, sont journellement livrés à la curée d'insatiables mercenaires.

Quelle est la source de tant de brutales injustices, de tant de criantes iniquités? La politique dont les menées ténébreuses et criminelles sont protégées par les innombrables lois et règlements qui nous régissent. Lois appliquées, *ad libitum*, suivant la teinte à donner au tableau destiné à faire son apparition sous l'impulsion des ficelles de la lanterne magique gouvernementale.

Là où la voix des courtiers électoraux a parlé, la voix même de nos généraux est impuissante à se faire entendre, et les tribunaux sont incompétents à faire respecter des Droits légitimement acquis.

A nos justes réclamations, on répond invariablement : Vous nous dévoreriez si on vous écoutait; ou bien, notre refus prouve notre force; ou encore, il en a été ainsi sous tous les régimes. En vérité, l'impudence de ce cynique langage démontre une fois de plus le degré d'abjection où en sont arrivés *les valets et leurs maîtres*.

Tous les gouvernements ont fait comme ça, dites-vous? Raison de plus pour mettre un terme à de monstrueuses rapines et rendre enfin, aux serviteurs de la Patrie, ce qui est aux serviteurs de la Patrie.

La politique, voilà le retranchement derrière lequel s'abrite le brigandage qui, en énervant la France, s'enrichit de nos dépouilles.

Ce retranchement résistera-t-il à notre assaut?

Nous sommes la Fidélité; nous sommes l'Honneur; nous sommes le Dévouement; nous sommes le Sacrifice; nous sommes la Légalité; nous sommes la Puissance appuyée sur des droits indéniables. Qui donc, mieux que l'Armée, saurait faire respecter ses Droits, si ce n'est l'Armée Elle-même?

Le drapeau sous lequel combattirent nos Pères et sous lequel combattent aujourd'hui leurs Enfants nous soumet aux mêmes lois, nous oblige au même sort. Pourquoi alors deux sortes de retraites? Pourquoi encore des retraites proportionnelles accordées à ceux-ci et non à ceux-là? Les services des uns ne valent-ils pas les services des autres? L'impôt du sang ne fut-il pas également payé par tous ceux qui combattirent sous le drapeau de la France? Pourquoi les récompenses ne seraient-elles donc pas équitablement réparties? Pourquoi des exceptions? Pourquoi des déshérités, c'est-à-dire des volés? Tout sim-

plement parce qu'il y a des voleurs, et que partout
où il y a des voleurs il y a des recéleurs.

Hommes politiques, votre drapeau est un drapeau de factieux, de détrousseurs, de parjures et
de traîtres. *L'Armée Française ne s'abrite pas à
cette ombre !*

D'après Bayard : *Il vaut mieux ne pas avoir un
commandement et le mériter que d'être pourvu
de ce commandement et en être indigne.* Cette
belle pensée s'applique à tous les degrés de la
hiérarchie des fonctions militaires et publiques.

Hélas ! en France, le fonctionnarisme actuel
est, en général, bien loin de la délicatesse de nos
temps héroïques, ainsi que de la mise en pratique des vertus chevaleresques qui enfantent les
Héros et qui délivrent les peuples opprimés.

C'est par l'Armée que les grands intérêts de la
Nation qui s'appellent Agriculture, Industrie,
Commerce, Administration, etc., étant sérieu-
sement représentés par des hommes spéciaux,
entreront ouvertement, pour le plus grand bien
de la Nation, dans leur voie naturelle de progrès
et de civilisation en leur donnant un libre accès
dans nos deux grandes Assemblées françaises.

Notre Pays a beaucoup trop produit de ma-
zettes et de criminels politiques pour que le
peuple ne trouve pas dans son sein d'excellents
agronomes, d'habiles industriels, d'émérites com-
merçants qui sauront rendre à la France la paix

dont elle a tant besoin et la prospérité qui lui est indispensable pour alléger progressivement les contribuables du colossal fardeau des dettes qui écrasent la Nation. *Mémorable souvenir que lui lègue encore le gouvernement néfaste des avocats.*

Soldats de l'Agriculture! Soldats de l'Industrie! Soldats des Administrations! Soldats du Commerce, et vous tous vaillants et honnêtes Travailleurs qui, comme nos camarades de l'Armée, gémissez sous le joug infamant d'une secte tyrannique et parjure, *haut les cœurs!* Les traîtres sont tournés, démasqués et pris en flagrant délit de dilapidation de l'honneur et des deniers publics.

Traqué par la gendarmerie, le banditisme de grands chemins s'est habilement réfugié, protégé par sa sœur la politique, dans les officines particulières, dans les cabinets de l'État, et jusque dans le sanctuaire de la justice française, où, formidablement retranché derrière des montagnes de lois et de règlements, il jette un insolent défi à la bonne foi publique, détrousse impunément sous de plus en plus merveilleuses et de plus en plus nouvelles métamorphoses, **au nom de la loi,** petits et grands, honnêtes gens et fripons, savants et ignorants.

Il y a plus de notions de droit dans la conscience d'un honnête homme que dans tous les livres écrits par des docteurs dont notre naïveté fait toute la science.

Une remarque historique qui, méditée, pèsera utilement dans la balance des destinées de la Nation, c'est que, en France, la vénalité de certains maîtres de la parole n'eut toujours d'égale, plus particulièrement encore à l'heure du danger, que la jactance orgueilleuse ou la couarde pusillanimité de certains membres du Sénat et du Corps-Législatif (1814-1815 — 1870-1871).

Représentants d'une Nation héroïque, que fîtes-vous de vos serments?

« Pendant que nous envoyions à la boucherie ceux qui nous gênaient, nous étions de bonne composition; à la nouvelle de chaque désastre, nous fumions des cigares exquis; nos complices spéculaient et livraient nos armées à l'ennemi.

» Quelques années plus tard, toujours fidèles à notre raison sociale : **Mensonges sur Calomnies et Trahisons,** *nous parvînmes, favorisés par nos complices les d'Orléans et les d'Andlau, à faire condamner à mort le maréchal Bazaine. Cette condamnation, habilement préparée et produite au moment opportun, favorisa singulièrement notre commerce. Elle acheva de donner le change à l'opinion publique. Elle favorisa, en outre, l'entrée en scène de la Constitution du 24 février 1875, nous rendit les élections favorables, nous donna la couche de légalité qui nous manquait et acheva de nous livrer la France.*

» Ce monstrueux échaffaudage a déjà duré

beaucoup plus de temps que nous n'avions osé l'espérer tout d'abord. Redoutant les funérailles des traîtres, des parricides et des parjures, désirant nous ensevelir dans notre criminel triomphe et être accompagné à notre dernière demeure, tandis qu'il en était temps encore, par un cortège digne de notre héroïsme, nous nous adressâmes à nous-même une balle libératrice, pour nous ménager un plus rapide passage du sein de la débauche dans le sein de l'éternité. »

Il est d'une logique absolue que là où les affaires des avocats vont bien, les affaires des familles sont au pire. Il en est de même des affaires de l'État.

Les familles et l'État ne sauraient donc être rendus à des destinées plus prospères que par une modification profonde de notre état social basée sur le remaniement de l'administration, particulièrement de la justice, par la garantie formelle des droits légitimement acquis.

Invitant sans cesse les peuples à sortir du chaos pour chercher l'union et la paix sous un Chef glorieux et fort, l'empereur Charlemagne, dans un célèbre capitulaire de l'an 802, prémunissait ainsi le peuple, par ses conseils, contre les imposteurs et les faussaires : « Que chacun de vous rende raison de sa propre cause, et que personne ne pratique l'usage de discuter pour autrui ».

Quels sont les vrais amis du peuple ? Ceux qui, à leur corps défendant, lui ont donné un Foyer, une Patrie, et continuent, au péril de leur vie, à défendre cette Patrie, ce Foyer ? ou bien ceux qui, ergotant dans d'interminables chicanes, loin du tumulte des camps, à l'abri des périls, dépouillent nos blessés et nos morts glorieux, ruinent les familles, s'emparent de toutes les fonctions de l'État, et livrent nos armées à l'ennemi ?

Peuple, quel est ton Maître ? Quels sont tes Protecteurs ?

Quarante générations de Héros ont gravé de leurs glaives sur le granit de nos frontières, et tracé du plus pur de leur sang sur le livre d'or des fastes glorieux de nos annales militaires, ces mots :

MORTS POUR L'INDÉPENDANCE ET L'HONNEUR !

Quarante générations de bavards ont écrit sur les dossiers des familles qu'ils ont dépouillées, des victimes qu'ils ont lâchement et froidement immolées, de la Patrie qu'ils ont audacieusement trahie, mutilée et vendue, de l'Honneur qu'ils ont avili, leur immonde et barbare devise :

Vivre, jouir, nous approprier le bien d'autrui par la chicane, la duplicité, le meurtre moral, l'assassinat juridique, la fièvre et les tourments chroniques qui engendrent de perpétuelles dis-

*cordes, la lente et cruelle agonie par la faim, la
mort dans le désespoir.*

Toutes fleurs de la civilisation française s'épanouissant au soleil de la liberté, cultivées à l'abri
et sous la protection des lois libérales, égalitaires
et fraternelles qui nous régissent en l'an de grâce
1888.

Au fond barbare de la civilisation que les envahisseurs implantèrent jadis sur notre sol a
tout simplement succédé la forme plus monstrueusement raffinée, plus lâchement cruelle de
la civilisation moderne. Les tyrans n'ont fait que
retourner leurs masques et opérer un changement de front.

Se croyant abrités par cette manœuvre, les confectionneurs de lois qui déshonorent la France se
métamorphosent, à Paris, en trafiquants d'emplois et de décorations ; ils deviennent bonneteurs
quand ils sont en province. C'est alors que dans
une chaleureuse et patriotique improvisation, ils
montrent au peuple le traître Bazaine (1), l'hé

(1) Ce fut à la suite de nos premières défaites que l'Empereur
songea à se démettre du commandement en chef de l'armée.

Les maréchaux Canrobert et Mac-Mahon déclinèrent le périlleux
honneur de prendre ce commandement, alléguant qu'il revenait
de droit au maréchal Bazaine, comme ayant le dernier commandé
en chef.

C'est par dévouement et par pur patriotisme que l'héroïque maréchal, comptant sur le dévouement de tous les Français, accepta.

roïque Gambetta qui sauva l'honneur de la France
et de l'Armée, pendant l'Année terrible, et finalement, le peuple couronné, devenu, par eux, *seul
Maître Souverain*. Quand le suffrage universel a
parlé, les clichés de Bazaine et de Gambetta sont
précieusement conservés pour la plus prochaine
représentation, mais la soi-disant souveraineté
n'est déjà plus sous la carte que le peuple désigne.
Il n'y rencontrera désormais que le fer tout nu de

dans des circonstances aussi critiques, la grande mais ingrate
mission de résister à l'invasion et de délivrer la France.

C'est seulement le 13 août 1870 qu'il fut investi du commandement en chef de l'Armée du Rhin.

Des personnes, que nous pensons être plus mal éclairées que
malveillantes, disent que le maréchal Bazaine était un ambitieux
qui avait voulu se faire proclamer empereur au Mexique ; que
n'y ayant pas réussi, il avait voulu, favorisé par la révolution du
4 septembre, profiter de la position que les événements lui avaient
faite pour faire un coup d'État, et que finalement, il avait vendu
son armée à l'ennemi.

L'état de dénuement dans lequel se trouve l'illustre maréchal,
son stoïcisme à supporter son imméritée et immense infortune,
plus encore que les brillants services qu'il a rendus à son Pays,
diront bien haut à la postérité toute l'ingratitude de ses compatriotes, toute l'infamie de son accusateur, le colonel d'Andlau.

Avec Bazaine comme avec Vercingétorix finit et commence un
autre âge.

Avec la chute d'Alise commence l'âge de l'esclavage. Avec la
chute de Metz commence l'âge des trahisons, des tripotages et des
crimes protégés *par la loi*.

l'aigu et froid hameçon qui lui déchire les entrailles.

Le principe fondamental du droit de propriété est que la terre appartient au premier occupant. Nous sommes donc fondés et autorisés à dire que les partis politiques, **en Gaule,** ont eu, et conservé à leur tête, des chefs qui s'implantèrent jadis chez nous comme les Prussiens se sont implantés, en 1870-1871, en Alsace-Lorraine.

Le principe de propriété vient de recevoir, même de nos jours, une consécration solennelle et éclatante au sujet de l'archipel des Carolines.

L'œuvre inique accomplie, les Prussiens dédaignèrent bientôt les traîtres pour se faire donner de plus sérieuses garanties et ne point compromettre les bénéfices du pacte criminel de Ferrières. Ils exigeront désormais, pour ouvrir les préliminaires du traité de Francfort, qu'une Assemblée Nationale soit convoquée pour confirmer et garantir la livraison de l'Alsace-Lorraine et le paiement de l'indemnité de guerre.

Tel fut le but réel pour lequel l'Assemblée Nationale de 1871 fut convoquée et élue, tel fut aussi l'unique mandat qu'elle reçut du peuple.

Cependant, à la veille d'atteindre le terme de sa législature, cette Assemblée conservatrice, qui avait tout tenté pour produire la Royauté, plus préoccupée de ses propres intérêts que des intérêts et de l'Honneur de la Nation, voulut, dans le but de se rendre favorables les nouvelles élections, porter le coup de grâce à l'Empire et à l'Armée en les faisant condamner, tous deux, dans la personne de l'infortuné maréchal Bazaine, et exonérer du même coup les criminels auteurs du pacte infâme dont elle devint complice. Comme on ne s'arrête pas en si beau chemin, cette Assemblée s'arrogea alors des Pouvoirs Constituants et parvint, à force d'intrigues, à donner le jour à une Constitution conçue dans le crime.

L'avortement de la Royauté se transforma, dans le sein de cette Assemblée, en un laborieux travail d'enfantement qui produisit une mule constitutionnelle.

La Constitution Républicaine naquit d'une Assemblée Royaliste, le 24 février 1875, à une voix de majorité.

Cette mule constitutionnelle, *base du droit des traîtres,* enfantée clandestinement, et à la dérobée, en dehors de tout principe légal, de toute autorité légitime, fut le produit incestueux de la soudure criminelle de toutes les trahisons, de tous les appétits antifrançais. Elle est le digne couronnement de l'iniquité commencée par la mutilation, consommée par l'égorgement de la France et par le rapt monstrueux des Droits Souverains du Peuple, *unique et légitime base du Droit Public Français depuis cent ans.*

A cette substitution criminelle de l'ombre au

tableau, du masque au visage, de la fiction à la réalité qui consacra l'audacieuse violation des droits les plus sacrés, on lui ajouta, encore, le remplacement des services rendus à la Patrie par les services rendus à la trahison. On divisa l'Armée en deux camps par l'inégalité des récompenses, et on laissa sans ressources une multitude d'anciens et valeureux serviteurs qui furent supplantés dans leurs droits par les droits nouvellement acquis par les déboulonneurs, les incendiaires et les courtiers électoraux.

Il est malheureusement avéré qu'en France, l'Honneur et la Bonne Foi n'ont plus d'asile, à moins que l'Armée leur offre une hospitalité généreuse.

En présence d'un aussi général et aussi cruel égoïsme, qui ne respecte même pas la Patrie et exploite si odieusement ses angoisses, il n'y a, en effet, que la conscience d'un Soldat qui puisse bondir d'une patriotique indignation en présence du rôle *de dupe et de comparse* qu'attribuent à l'Armée de criminels saltimbanques, d'odieux escamoteurs politiques.

Si la Gaule ne redevient militaire et ne sait chasser les bandits cosmopolites qui la gouvernent, elle retombera fatalement sous le joug de ses anciens ou de ses nouveaux envahisseurs.

Tout le Monde est maître en France, excepté les Français!

Nos divisions intestines sont les mêmes qu'il y a deux mille ans. Les envahisseurs viendront, cette fois, de tous côtés.

Dans l'état de décadence et d'énervement où nous sommes tombés, saurons-nous nous unir pour conjurer le péril commun ?

Que des Comités s'organisent immédiatement dans chaque commune, s'administrent par cantons et se centralisent par langues.

Tout militaire exerçant honnêtement une profession honorable est admis sur sa demande, appuyée de ses états de services et des pièces justificatives de la profession qu'il exerce, à faire partie de la Ligue.

Tout sociétaire est tenu au serment de demeurer fidèle à la Ligue, à la Patrie et à l'Honneur !

Avant de se rendre au camp de César, pour y accomplir son volontaire **sacrifice**, Vercingétorix réunit une dernière fois, autour de lui, ses compagnons d'armes.

C'est dans cette suprême et solennelle *Assemblée* des Défenseurs de la Gaule expirante que le Grand Chef des Braves décerna à ses guerriers le beau nom de *Francs,* c'est-à-dire de *Sincères, de Fidèles.*

Notre nom de Français est donc absolument Gaulois.

Cependant, nous sommes dans la cruelle né-

cessité de constater *deux classes d'individus*
dans notre grande famille Celtique.

1° Les Gallo-Francs ou Fidèles ;

2° Les francs Prussiens ou les traîtres.

MOT D'ORDRE :

N'adoptons pas la proverbiale indifférence du
Picard : notre Maison brûle, sachons nous servir
de nos **clefs** pour la délivrer.

Ne votez que pour les Membres assermentés de
la Ligue : c'est là qu'est l'Indépendance, le respect
de nos Droits, le secret de notre Puissance et de
notre Salut ; en un mot, **c'est là qu'est la victoire !**

Vive l'Armée! Vive la France !

Soldats Français, chantons Roland,
L'Honneur de la chevalerie,
Chantons en chœur en combattant
Ces mots sacrés : **Gloire et Patrie.**

Le Comité fondateur,

dont le siège est partout ou flotte le Drapeau
de l'Indépendance et de l'Honneur,

ORDRE GÉNÉRAL

Nº 12

A L'ARMÉE DU RHIN

Vaincus par la famine, nous sommes contraints de subir les lois de la guerre en nous constituant prisonniers. A diverses époques de notre histoire militaire, de braves troupes, commandées par Masséna, Kléber, Gouvion Saint-Cyr, ont éprouvé le même sort, qui n'entache en rien l'honneur militaire quand, comme vous, on a aussi glorieusement accompli son devoir jusqu'à l'extrème limite humaine.

Tout ce qu'il était loyalement possible de faire pour éviter cette fin a été tenté et n'a pu aboutir.

Quant à renouveler un suprème effort pour briser les lignes fortifiées de l'ennemi, malgré votre vaillance et le sacrifice de milliers d'existences qui peuvent encore être utiles à la Patrie, il eût été infructueux, par suite de l'armement et des forces écrasantes qui gardent et appuient ces lignes : un désastre en eût été la conséquence.

Soyons dignes dans l'adversité, respectons les conventions honorables qui ont été stipulées, si nous voulons être respectés comme nous le méritons. Évitons surtout, pour la réputation de cette armée, les actes d'indiscipline comme la destruction d'armes et de matériel, puisque, d'après les usages militaires, places et armement devront faire retour à la France lorsque la paix sera signée.

En quittant le commandement, je tiens à exprimer aux généraux, officiers et soldats, toute ma reconnaissance pour leur loyal concours, leur brillante valeur dans les combats, leur résignation dans les privations, et c'est le cœur brisé que je me sépare de vous.

Le Maréchal de France, commandant en chef.
BAZAINE.

Cet ordre, inspiré par le devoir et le dévouement poussés jusqu'au sacrifice le plus sublime, dit, mieux que tous les commentaires qui ont pu en être faits, tout ce que le cœur de l'infortuné Maréchal renfermait d'amour pour la France, pour ses soldats, à l'honneur et à l'existence desquels il s'est donné tout entier.

Comme Vercingétorix se sacrifia à Alise, Bazaine s'est sacrifié à Metz !

A vingt siècles d'intervalle, nous avons la douleur de voir les mêmes divisions fomentées parmi le peuple, c'est-à-dire les mêmes causes produire les mêmes effets.

Que les longs siècles de domination étrangère qui, par la faute de quelques-uns, pesèrent, à la fois, si lourdement et si cruellement sur nos infortunés pères, servent d'exemple, nous invitent à nous unir et à recueillir respectueusement, mais militairement, dans ce moment de suprême péril, les épées invincibles d'Alise et de Metz. Si ces épées, portées par des mains vaillantes, purent être émoussées par la trahison, elles ne furent point brisées, et c'est dans le sang des ennemis de notre **indépendance** qu'elles doivent se retremper et retrouver tout l'éclat de leur antique gloire (1).

Le Gouvernement dit de la Défense Nationale organisa la guerre dite à outrance pour couvrir d'une auréole de gloire ses pillages et ses forfaits. Les misérables qui le composaient n'hésitèrent pas à se mettre sous la protection de l'artillerie allemande et de rendre notre Patrie vassale de la Prusse **pour satisfaire et protéger leurs orgies.**

Là, du moins, les protégés étaient *dignes* de leurs protecteurs !

Suivons pas à pas, dans leurs manœuvres, nos pseudo-défenseurs, et nous verrons constamment leurs actes les plus solennels donner le démenti

---

(1) Comme l'épée tombée glorieusement, en 1524, à Rebecco, les épées d'Alise et de Metz tombèrent pour, la même cause : **le salut de l'Armée.**

Comme l'épée **du chevalier sans peur et sans reproche,** ces épées avaient eu leur Marignan : la première à Gergovie, la seconde à San-Lorenzo.

le plus catégorique à leurs plus formelles pro-messes. Ils ne disent la vérité que quand ils sont ivres, parce qu'alors seulement ils cessent d'avoir peur. *C'est à ces moments de gaieté expansive que nous devons la fameuse dépêche des cigares exquis, etc.*

Gambetta quitta Paris, en ballon, pour venir organiser la défaite en province. A Coulmiers, il arrache l'épée de la France victorieuse des mains du général d'Aurelles. A Ferrières, Favre promet, pour prix de la protection de la Prusse, l'Alsace-Lorraine, les cinq milliards, livre immédiate-ment, comme garantie du pacte infâme, l'Armée de Bourbaki à Bismarck, et Garibaldi, son com-plice, cède l'importante position de Dijon aux Prussiens. Le félon Trochu s'empresse de faire diriger sur Paris, pour les y immobiliser, les forces les plus vives de la France. D'autres armées s'organisent et manœuvrent sans but autre que celui de faire croire au public à une résistance sérieuse, d'enrichir les complices des traîtres par de fantastiques marchés, d'exploiter le patrio-tisme des populations, etc.

Le but principal, **la défense du sol,** est man-qué partout; personne même ne veut y penser, car y penser, c'est sauver la France, qu'on ne veut délivrer à aucun prix, parce que la France victorieuse, c'est le militarisme triomphant qu'on n'aurait jamais plus si belle occasion d'anéantir;

ce serait, en outre, les outranciers sous le coup de la loi ; ce serait le règne des avocats terminé.

Voilà pourquoi l'Armée de Metz fut délaissée, abandonnée dans un cruel isolement, tandis qu'il eût été facile, avec les forces dont on disposait, de couper la retraite à l'envahisseur et de l'anéantir entre Bazaine et les armées nouvellement levées. Le comble de l'audace, de la trahison et de l'ironie, *fut de donner habilement le change à tout le monde*, d'ériger Favre, Trochu, Gambetta et Thiers en libérateurs et de faire condamner à mort le Maréchal Bazaine.

Comme on le voit, la criminelle comédie avait une séduisante mise en scène à laquelle il ne manqua que la consécration du temps **pour échapper à la vérité.**

Le fameux plan de Trochu se révèle ici tout entier. Il consista tout simplement à immobiliser dans Paris et les environs toutes les forces levées en province pour les empêcher, couvert par les manœuvres ennemies, qui sauvent devant l'histoire la responsabilité des véritables traîtres, de les porter entre Metz et la frontière, *vraies clefs de la victoire*.

Le moment venu, Trochu livra Paris aux Prussiens avec six cent mille hommes, etc., et la criminelle tragédie fut jouée.

Après Favre, Gambetta, Trochu et les autres, il fallut, pour mieux innocenter tout ce monde, trouver encore un Judas de plus pour lui faire remplir auprès du Maréchal Bazaine le rôle infâme que le colonel Lopez remplit, naguère, au Mexique, auprès de l'empereur Maximilien. Cet autre personnage, en tous points digne des précédents, fut le colonel d'Andlau, devenu, depuis célèbre, par d'autres exploits.

Bazaine, Herbinger, Caffarel, ont comparu devant leurs juges. La conscience publique, indignée, réclame que les Trochu, les d'Andlau et les autres meneurs survivants de la criminelle épopée de 1870-1871 y comparaissent à leur tour. Il faut que la lumière se fasse autour de ce monstrueux échaffaudage à l'élévation duquel a sombré non seulement l'Honneur, la Dignité, la Fortune de la France, mais dont notre chère et patriotique Alsace-Lorraine supporte encore toutes les horreurs.

Que dira la postérité de ces bavards galonnés, de ces démocrates égalitaires qui, après avoir tout vendu, tout énervé, tout avili, tout gaspillé, en arrivent aujourd'hui, toujours pour se procurer de l'argent, à mettre en état de siège même les asiles des Demoiselles de la Légion d'Honneur.

Avant d'aller plus loin, que ces énergumènes sans Dieu et sans Patrie comparent les services que leurs pères ont rendus, ceux qu'ils ont rendus eux-mêmes, avec les services rendus par les pères des Demoiselles dont ils convoitent les dépouilles.

S'il y a entre eux égalité de services, qu'il y ait égalité de récompense : *c'est justice!*

ARMÉE !

Toute Nation divisée, contre elle-même,
court à sa ruine ; et c'est imprudemment
que l'Armée laisse ouverte à la trahison la
porte de l'Honneur et de l'Indépendance de
la Patrie.

Il te donne la vie, tu lui donnes la mort !
L'Honneur eut-il jamais un si funeste sort ?
Tué à l'ennemi est sort digne d'envie,
Mais mourir de tes mains, c'est perdre triple vie !
La Patrie, mutilée, est plus juste que Toi
Et trouve dans son sein qui défendra le Droit.
Armée ?... *Que le passé t'inspire confiance !*
Tes *chefs* sont des soldats qui meurent pour la France
Et ne forlignent pas ! Des traîtres dans Nos camps,
Jamais on en trouva, et c'est hors de Nos rangs
Que naquit le Judas !... Veux-tu bien le connaître ?
Eh bien ! cherche, tâtonne et lorsque va paraître
La main, le cœur, le sang, de vertus glorieux,
Qui tressaille au clairon et bondit droit aux feux,
Présente-lui la main, et ton cœur qui frissonne
Reconnaîtra le cœur, la main qui, *Tout*, pardonne !..
Tes yeux tout indignés, rouges de sang, verront :

. . . .

Les traîtres n'osant pas affronter les canons !!!

. . . .

Quelques vendus de moins, et vingt siècles de gloires
Eussent paré nos fronts, de palmes, de victoires !

✳ Un Ancien du 24ᵉ dragons.

HONNEUR! PATRIE!

Si les cris de douleur de nos Sœurs éplorées !
Si les larmes de sang des Vierges mutilées !
Si la Patrie en deuil ne réveille la gloire
De nos Héros si fiers mourant pour la Victoire,
Soldat ! meurs de regrets, de honte, de plaisir,
Puisque tant de vertu n'excite ton désir !...
A sauver ton Pays le destin te convie,
Et tu préférerais une plus lâche vie
Au salut de tes Frères, à l'Honneur du Foyer ?
Vivre de cette vie, c'est mourir de pitié !...
Entends-tu le clairon ? A l'Honneur il t'appelle,
Et fidèle à l'Honneur, va, cours, vole avec Elle !...
Et par Dieu la Patrie, de son deuil relevé,
Chante un Hymne de gloire et d'immortalité !

MORARD.

ORDRE DE MARCHE

N° 888.

RÉGIONS OUEST, NORD ET CENTRE DE L'EMPIRE

Opérations militaires à exécuter pendant les mois de Novembre et Décembre 1865.

M. le commandant Bréart se dirigera, avec le 7e bataillon de Chasseurs à pied, de Durango sur Guadalajara. Départ, 8 Novembre.

M. le commandant Cornat se dirigera, avec deux escadrons du 12e Chasseurs à cheval, de Durango sur San-Luis-de-Potosi. Départ, 11 Novembre.

M. Morard, fournisseur de l'Armée, assurera le service des subsistances et approvisionnements divers des colonnes Bréart et Cornat jusqu'à l'arrivée des troupes à leur destination respective.

M. le général de Castagny donnera des ordres pour former un convoi des hommes libérés de sa division. Ces hommes seront dirigés sur Mexico sous l'escorte de la colonne Bréart jusqu'à Aguas-Calientes, point de jonction, où les libérés passeront sous l'escorte de la colonne Garnier, du 51ᵉ de ligne.

Au Grand-Quartier général de Mexico, le 5 Octobre 1865.

Le Maréchal de France, commandant en chef le corps expéditionnaire du Mexique,

BAZAINE.

P. O Le Colonel d'État-Major, chef d'État-Major général,

L**ACROIX**.

8ᵉ DIVISION MILITAIRE   Marseille, le 30 Novembre 1830.

ÉTAT-MAJOR GÉNÉRAL

Bureau particulier
du
LIEUTENANT-GÉNÉRAL

Mon cher MORARD,

J'ai reçu ta lettre du 10 novembre. Ne doute pas que je ne sois très disposé à faire valoir tes droits à la décoration de la Légion d'Honneur souvent méritée par ta bravoure et ta bonne conduite, mais il y a un grand nombre d'anciens militaires, nommés en 1815, qui sollicitent, à juste titre, leur confirmation. Ces demandes nuisent à ceux qui, avec des droits non moins évidents, n'ont pas encore obtenu cette récompense.

Je t'ai revu, à Marseille, avec plaisir et comme l'un des plus braves soldats du 24ᵉ Régiment de Dragons. J'ai été sensible à l'attachement que tu m'as témoigné en t'empressant de venir ici.

Sois bien sûr, mon cher Morard, de toute l'estime et de toute l'affection que te porte ton ancien Colonel.

*Le Lieutenant-général commandant
la 8ᵉ division militaire, député du Jura,*

DELORT.

Nous reproduisons cette lettre à titre de document à l'appui de la fraternelle solidarité qui, dans la Grande Armée, unissait les chefs et leurs troupes.

C'est, nous n'en doutons pas, dans les sentiments de mutuelle estime et d'affection réciproque qui unissaient, alors, tous les degrés de la hiérarchie militaire, que résida, surtout, le secret de notre puissance et le plus invincible élément de nos immortelles victoires.

Que les rapaces, qui, comme une nuée de vautours, s'abattirent, pendant la nuit d'un jour de deuil, sur notre Patrie pour en faire une immense hécatombe, un vaste champ de pillages, sachent bien que le *Gesta Dei per Francos* de nos glorieux Pères ne périmera point entre les mains vaillantes de notre Armée, car, si l'origine des Vendus français comme celle des pillards Teutoniques prend sa source dans l'insurrection, dans la rapine, dans l'infamie et dans la trahison, notre origine, à nous, soldats Gallo-Francs, remonte à celui qui, avant le Christ, s'éleva contre la tyrannie et qui, comme le Christ, donna au Monde le sublime spectacle d'un vaincu triomphant mourant libre et victorieux.

A
R.W.G.
M

DÉLIVRANCE!

Martyre du devoir, Celte grand[1], héroïque,
Ossian, a chanté, ton trépas homérique!
Révéré pour ton sang, mâle par tes vertus,
Alpin, s'émerveillant de tes guerriers perdus,
Rythmant, de nos aînés, les gloires immortelles,
De tes hauts faits, Bayard, il a grandi les ailes!

Héros par le devoir, sublimes par le cœur,
Images vénérées de suprême valeur,
Pour vous, tout guerrier né vaillant sacrifie
Près du royal Autel de la Sainte Patrie!
O Gall, Vercing[2], Roland, Charlemagne, Borbard,
L'illustre Duguesclin, Jeanne d'Arc et Bréart
Y gravèrent les traits de leur bouillante flamme.
Te servir, chère Armor[3], est le vœu de notre âme!

[1] D'après Jules César, signification du nom du père de Vercingétorix.
[2] Vercing *pour* Vercingétorix.
[3] Armor *pour* Armorique.

Cornat, vois nos trophées ! Dans leurs camps décorés,
Les Étendards Gaulois en vainqueur arborés !
Éternelle valeur. Toi, dont le fier Prémice,
Manifeste, à César, le sanglant sacrifice,
Éveille dans nos cœurs la sublime vertu !...
Nation, pare-Toi de palmes immortelles !
Tes Héros Francs, leurs Fils qui succombent pour elles,
En triomphant, pour Dieu, toujours ont combattu !...

UN ANCIEN DU 51ᵉ ✳.

LA PATRIE

« Quel mot puissant et magique que celui de PATRIE ! et comme
il éveille dans notre pensée une image pleine tout à la fois de dou-
ceur et de majesté ! Voici la Patrie : Cette maison où votre âme
s'est épanouie sous les regards attendris d'un père, qui reste toujours
embaumée pour vous du parfum des baisers maternels ; ces chemins
que vos premiers pas ont foulés si gaiement ; ces horizons connus,
ces eaux courantes et ces bois, tous ces chers objets que vous avez
naïvement associés aux plus vives impressions de votre enfance ;
hélas ! et ce coin de terre où dort la cendre à peine refroidie de vos
aïeux, suivis et gardés dans la tombe par la piété de vos souvenirs :
oui, tout cela, c'est la Patrie !

» La Patrie, c'est encore cette figure mystérieuse qui vous apparaît
quand vous parcourez les annales de la France, et qui, de son regard
triste ou fier, selon la page que vous avez sous les yeux, allume
dans votre âme le feu du dévouement et de l'enthousiasme, et fait
ressentir, avec une étrange énergie, le poids de ses revers et l'orgueil
de ses triomphes. Rappelez-vous vos lectures : comme vous palpitiez
d'une émotion douloureuse, lorsque le drapeau du pays, engagé
dans quelque bataille, semblait fléchir et s'incliner sous la fortune
adverse ! Mais quelle joie lorsque, soutenu par la vaillante main de
vos pères, et flottant seul au-dessus du théâtre de l'action, il faisait
fuir au loin les étendards ennemis et rapportait dans ses plis triom-
phants un de ces noms fameux que cent victoires y ont inscrits et
qui le revêtent de splendeur et d'immortalité ! » Mgr DARBOY.

242